LA

VILLE DE SMYRNE

ET

SON ORATEUR ARISTIDE

PAR

André CHERBULIEZ,

Professeur à l'Académie de Genève, membre effectif et ancien Président de la Section de Littérature de l'Institut national genevois.

LA
VILLE DE SMYRNE

ET

SON ORATEUR ARISTIDE.

SECONDE PARTIE.

Vie d'Aelius Aristide.

Sous les règnes heureux qui se succédèrent depuis la mort de Domitien, la ville de Smyrne, dont la beauté sans égale était, dès le temps d'Auguste, reconnue par le géographe Strabon, devint de plus en plus l'ornement et la couronne de l'Asie. Fière de ses monuments anciens et nouveaux, de ses ports, de son commerce aussi actif qu'étendu, et plus encore de la renommée de son école d'éloquence, elle voyait s'accroître son importance dans la province, les ressources de ses citoyens, l'affluence des étrangers.

Au milieu de ces prospérités, surprise par une de ces terribles secousses qui désolent encore de nos jours les belles régions de l'Asie-Mineure, elle disparaît en un moment du nombre des cités ; sa population décimée, plongée dans la misère, excite la compassion des peuples voisins, de la Grèce entière ; attentif aux besoins des provinces, le pouvoir impérial lui tend une main secourable, et toutes les mesures sont prises pour relever la ville de ses ruines. Le jour arrive, sans trop s'être fait attendre, où l'œuvre de restauration est assez avancée pour que le peuple smyrnéen, dans une fête solennelle, adresse ses actions de grâces aux dieux, au prince et aux cités dont il a éprouvé l'active sympathie.

Dans les diverses situations que cette ville traverse de la sorte en quelques années, un personnage dont les talents et le caractère attirent par eux-mêmes les regards, joue un rôle éminent. Citoyen de Smyrne par adoption et par le dévouement qu'il lui porte, une assemblée de ce peuple avide de spectacles et de discours l'a entendu célébrer la noble cité, lorsque nageant dans l'opulence et la sécurité, elle était loin de prévoir le naufrage qui la menaçait. On reconnaît à peine dans la Smyrne de nos jours quelques traces des splendeurs dont le panégyriste nous a conservé une image pompeuse et parfois confuse, mais curieuse et instructive. Aussitôt après le terrible événement, il est le premier à le publier, à sonner, pour ainsi dire, le tocsin de détresse; sa plainte éclate dans une prose lyrique destinée à frapper les imaginations. Il se hâte en même temps d'écrire à l'empereur, dont il est connu et admiré, et cette lettre, cette instante supplique en faveur de la malheureuse cité, touche Marc-Aurèle jusqu'aux larmes. Enfin, lorsqu'elle renaît à la vie, et qu'au deuil succède l'allégresse, c'est la même bouche qui, se faisant l'organe des sentiments de tous, remercie, en ce jour de fête, au nom de l'assemblée, les dieux, le prince et les cités amies.

Cet orateur, alors célèbre, très-vanté par les générations qui suivirent la sienne, et qui n'est plus guère connu que des érudits, était Aelius Aristide, figure singulière dont les bizarreries mêmes appartiennent à la peinture de son siècle, et que je voudrais faire bien connaître par le récit de sa vie, et par quelques extraits de ses ouvrages. D'ailleurs, celles de ses productions dont je donnerai quelque idée et où nous le verrons prenant une si vive part aux destinées de Smyrne, nous fourniront une page de plus des annales de cette cité, dont on a vu, dans la première partie de ce mémoire, les commencements et la suite jusque sous l'empire. Enfin, et c'est là ce qui mérite le plus notre attention, Aristide présente le type le plus frappant de ce que j'appellerai volontiers les lettrés de l'empire, ayant accès, comme ceux de la Chine, aux emplois les plus divers, aux charges les plus élevées. Leur profession, dans ce qu'elle a eu de sérieux comme par les côtés qui nous semblent le plus futiles, définit à merveille l'esprit de la civilisation grecque dans la phase où elle entra dès le premier siècle de l'ère vulgaire, phase moralement et politiquement distincte des précédentes, malgré les traditions et les tendances qu'elles lui avaient léguées, et féconde en résultats pour les destinées ultérieures de la nation.

I

Aelius Aristide, dont les conjectures les mieux fondées placent la naissance au milieu du règne d'Adrien, vers l'an 125 de notre ère, ne vit pas le jour à Smyrne, comme le ferait supposer le titre qu'il dut plus tard à l'affection des Smyrnéens. Sa patrie d'origine fut Adriani, ville de la Mysie olympienne, confondue à tort par quelques savants avec Adrianothère (lieu de chasse d'Adrien), mais située dans la même province. Elles tenaient toutes deux leur nom de l'empereur Adrien qui, dans un de ses grands voyages, avait séjourné dans ces contrées. La petite Mysie, ou Mysie *olympiène*, touchait à la Bithynie, dans laquelle elle fut par la suite incorporée, et le site d'Adriani, que l'on retrouve dans le village turc d'Edrieni, occupe un vallon voisin des eaux du Rhyndacus et des pentes méridionales de l'Olympe Mysien. Aristide avait à faire deux jours de marche pour gagner les bords du fleuve Esèpe et leurs eaux thermales, très-fréquentées, et trois jours pour se transporter à Pergame, où l'appelèrent tant de fois sa dévotion pour Esculape et les prescriptions médicales de ce dieu. Sur le versant opposé de la même chaîne, il atteignait, à quinze lieues de chez lui, la belle cité de Cyzique, dont il a fait l'objet d'un de ses panégyriques. Tout près d'Adriani, sur une des hauteurs qui se détachent des flancs de l'Olympe, s'élevait un temple de Jupiter olympien, surnom que cette situation explique suffisamment. Le prêtre de ce dieu, Eudémon, fut le père d'Aristide, dont les premières années se passèrent ainsi dans le voisinage d'un sanctuaire révéré. Il nous a conservé les noms de quelques-uns de ceux qui s'occupèrent de sa première éducation. Epagathe, son père nourricier, ou, ce qui est la même chose, l'instituteur de son enfance, était un homme de bien qui, par sa piété, au su de tous, vivait sur un pied de commerce familier avec les dieux. Aristide nous fait aussi connaître sa nourrice, Philumène, qui « fut ressuscitée par Esculape »; sa sœur de lait, Callitechné, et Alcime, qui le servit comme intendant, et qui était le mari de Callitechné; enfin leur fils, Hermias, élevé et soutenu par les soins d'Aristide, et qui demeura son client plutôt qu'un domestique attaché au service de sa maison. Le patron, comme nous le verrons dans la suite, atteint d'une grave maladie, attribua son salut à la mort de ce protégé, victime substituée à sa place par les dieux.

Les impressions d'enfance durent entrer pour une bonne part dans le caractère de dévotion minutieuse et crédule dont Aristide donna tant de preuves. Le cours d'études qui lui inspira l'amour des lettres et le culte passionné de l'éloquence, les voyages qui complétèrent son éducation, ne laissent aucun doute sur la condition aisée de ses parents, et témoignent des vues ambitieuses qu'ils conçurent de bonne heure pour ce fils unique. La jeunesse destinée aux carrières élevées, lorsqu'elle sortait de la tutèle et des leçons des pédagogues ou instituteurs domestiques, allait recevoir les instructions des professeurs de grammaire et de littérature, double attribution renfermée alors dans le seul et même nom de *grammairien*, γραμματικός. Celui auquel Aristide ou ses parents donnèrent la préférence tenait son école à Cotyæum (Kutaieh), ville de la Phrygie Epictète, éloignée seulement de quelques lieues d'Adriani. Mais la proximité des lieux ne fut pas la seule, ni la principale raison de ce choix. Alexandre, ainsi s'appelait le professeur, était un philologue des plus renommés par son savoir et son mérite. Il avait étudié sa science dans toutes ses branches, et, comme l'ont fait dans les temps modernes, un Casaubon, un Ruhnken, un Hermann, avant d'en cueillir les fruits les plus attrayants et les plus relevés, il avait approfondi les principes et les questions de la grammaire, premier fondement de toute saine érudition. On porte jusqu'à cent le nombre des volumes qu'il publia sur des matières de critique et d'exégèse, et qui lui méritèrent l'estime du monde savant de cette époque. Il y corrigeait ou éclaircissait les textes d'Homère, d'Archiloque et de la plupart des autres grands poètes de la Grèce. Habile instituteur, il s'entendait à exciter chez ses élèves l'émulation et l'activité d'esprit. « Lorsque « mon maître, » dit Aristide, « proposait une question sur quelque sujet qui m'était « bien connu, si quelqu'un de mes condisciples répondait avant moi, je gardais le si- « lence, de peur qu'on ne s'imaginât que sa réponse m'avait suggéré la mienne. » Mais la plus grande gloire du grammairien de Cotyée fut de compter parmi ses élèves deux hommes qui s'illustrèrent dans deux carrières bien différentes, et qui, tous deux, conservèrent un vif attachement pour sa mémoire. Ayant quitté Cotyée pour aller s'établir à Rome, il y fut chargé d'instruire, dans les lettres grecques, le jeune Marc Aurèle, déjà destiné à l'empire. Il est curieux de rapprocher les témoignages de vénération et

de reconnaissance filiale que lui rendirent longtemps après l'orateur et le prince. L'un, dans un éloge funèbre d'où la rhétorique n'a pu bannir entièrement le naturel et l'intérêt, l'appelle son guide, son père, son plus intime ami, l'homme qui fut tout pour lui. « Alexandre le grammairien », écrivait de son côté Marc Aurèle, dans l'introduction de ses *Maximes*, « m'a appris à m'abstenir de toute critique offensante, à ne pas re-
« prendre d'une manière désobligeante celui qui, dans le discours, laisse échapper un
« solécisme ou un terme impropre, à insinuer adroitement l'expression qu'il eût fallu
« employer, sous la forme d'une réplique, ou d'un acquiescement à l'opinion de l'in-
« terlocuteur, ou enfin par quelque allusion finement détournée. »

Le choix d'une carrière dut être fixé de bonne heure pour Aristide ; il ne pouvait en embrasser une plus conforme à ses aptitudes et à ses goûts que celle de sophiste ou orateur. Il n'en était point de plus brillante, de plus honorée pour les talents supérieurs, et c'est de ce côté que le portaient depuis longtemps la direction de ses études, les applaudissements et les éloges de ses premiers maîtres. Une détermination tellement irrésistible lui parut venir d'en haut, et dans les lignes suivantes tirées d'un de ses Discours sacrés, on reconnaît le langage du fils d'un prêtre de Jupiter, nourri au milieu des oracles, des initiations et des prodiges : « Esculape m'a donné dès mes jeunes années des maîtres dont les encouragements et les prévisions m'annonçaient le premier rang. Aussi, dès lors, ai-je voué ma vie aux études littéraires et à l'éloquence. »

Ses études, jusque-là, n'avaient été qu'une préparation à celle de l'art de la parole tel qu'on l'entendait et le pratiquait de son temps. C'est dans quelques-unes des écoles, alors fameuses, auprès des orateurs célèbres qui en étaient les chefs, qu'il devait maintenant, avec une nombreuse jeunesse animée de la même ambition, aller chercher un enseignement supérieur. Les maîtres en vogue formaient leurs disciples moins encore par des leçons en règle que par leur exemple et par le spectacle de leurs prouesses oratoires. C'est là qu'on apprenait les secrets de la composition improvisée et les prestiges d'un débit essentiellement théâtral.

Entre ces écoles de sophistique, la prééminence était vivement disputée. C'était à qui attirerait la plus grande affluence d'étudiants. Au témoignage de Philostrate, garant le mieux instruit, celles qu'Aristide fréquenta principalement et qui contribuèrent le plus à le former, furent celles de Pergame et d'Athènes. Il nomme Athènes la première, et il se peut bien qu'il ait ainsi suivi l'ordre des temps. Dans quelle autre ville la jeunesse grecque de l'Asie-Mineure, après l'instruction élémentaire qu'elle n'était pas obligée de chercher si loin, serait-elle allée recueillir la tradition encore vivante du beau langage, de l'élégance dans le tour, de la propriété dans l'emploi des mots, de la meilleure prononciation, de l'atticisme enfin, pour tout dire en un mot? La chaire d'Athènes était alors occupée par le maître illustre qu'on surnommait le roi de l'éloquence, la bouche du peuple hellène, Athénien de naissance et d'origine, comme l'indique son surnom d'Atticus. Parmi les auditeurs qui s'empressaient autour de son trône, tel était le terme usité, Hérode ne dut pas tarder à distinguer Aristide. L'estime d'un maître aussi passionné dans ses affections que dans ses haines répondit à l'ardeur enthousiaste et aux brillants essais du futur orateur. Mais cette relation ne fut pas de celles qui résistent à l'épreuve du temps, ou, ce qui est plus rare encore, aux frottements d'amour-propre. Dans les occasions qui, par la suite, attirèrent et retinrent Aristide à Athènes, l'attrait et la puissance de sa parole y firent sensation. Or, la jalousie de métier trouvait place dans le cœur d'Hérode à côté de sentiments plus généreux, et, d'ailleurs, Aristide, qui se faisait une règle et un mérite de concentrer sa pensée et de méditer son sujet avant de le traiter en public, n'épargnait pas ses critiques et ses épigrammes au genre d'improvisation alors à la mode, et dont la perfection consistait à être toujours prêt. Cette perfection, Hérode se piquait de l'avoir atteinte; il n'en faut pas davantage pour expliquer le mauvais vouloir dont il donna la preuve suivante à son ancien disciple. C'étaient cette fois les Panathénées qui rappelaient celui-ci dans la cité de Minerve. Il avait composé, avant son départ, le discours qu'il se proposait de prononcer dans cette fête, le plus long de tous, et, vraiment, par trop long, mais aussi l'un des mieux travaillés. Il y reprenait, en l'amplifiant jusqu'à l'excès, le thème traité par Isocrate, à savoir tous les priviléges et les hauts faits du peuple athénien, à commencer par l'âge de la fable et de ses héros. Aristide, qui se promettait de ce panégyrique un éclatant succès, avait omis dans son calcul, la jalousie et la puissance d'Hérode. Disposant de tout à Athènes en vrai prince qu'il était, et probablement ordonnateur suprême de la fête dont l'ouverture approchait, il refusa la tribune à son disciple, devenu son rival. Que faire contre un pareil abus de pouvoir? Aristide eut recours à une ruse, et, je crois, sans avoir à vaincre trop de scrupules; entre sophistes, elle était de bonne guerre. Il se hâta, pendant le temps qui lui restait, de composer sur le même sujet une froide et insipide rhapsodie, dont il donna lecture à Hérode, qui s'empressa de retirer son refus. Une œuvre si médiocre ne pouvait que faire un *fiasco* complet, dont il se réjouissait d'avance. Le jour arrive ; citoyens et étrangers remplissent le théâtre de leur immense concours. Aristide, joyeux du succès de son artifice, heureux de monter à cette tribune dont il avait failli se voir exclu, débite son chef-d'œuvre, « ce Panathénaïque, encore de nos jours universellement admiré, et qui fut reçu avec des transports d'enthousiasme. » Ainsi s'exprimait, trois siècles après, le rhéteur Sopater, garant de cette anecdote. Cet Hérode, moins fier encore de sa renommée d'orateur que de ses aïeux, qui remontaient jusqu'à Thésée, des dignités dont le décora le peuple athénien, et des honneurs, le consulat entre autres, que les Césars lui avaient décernés à lui-même, jouissait à Athènes d'une espèce de royauté, et il en usa plus d'une fois en despote ; une véritable cour l'entourait, et les adulateurs n'y manquaient pas. Généreux au fond et magnifique dans ses libéralités, qui dotèrent la Grèce de beaux édifices et d'utiles fondations, il gâtait ces nobles qualités par une vanité excessive et pleine d'ostentation. A ces travers du Grec et du sophiste, il en joignait d'autres qui feraient croire qu'il coulait dans ses veines quelques gouttes de sang romain, l'esprit de domination, des accès ou des caprices de violence et de cruauté. Sa mémoire n'a jamais été entièrement lavée du plus grave reproche dont elle ait été atteinte : les mauvais traitements qu'il fit subir à Régille, son épouse, romaine de famille sénatoriale. Il fut accusé de l'avoir fait mourir, et la sentence d'acquittement n'empêcha pas les plus soupçonneux de trouver une nouvelle preuve de son crime dans l'éclat pompeux de son deuil et le faste des monuments qu'il éleva en l'honneur de cette infortunée.

Sur ses vieux jours, Hérode n'était pas corrigé des emportements de son orgueil et de son humeur. Un procédé blessant de sa part mit à l'épreuve la magnanimité de Marc Aurèle, qui n'avait plus lui-même que quelques années à vivre. Le pardon du sage souverain ne pouvait aller jusqu'à rendre toute son estime à son ancien professeur de littérature. Aussi n'a-t-il pas trouvé une ligne à lui consacrer dans le chapitre de ses *Maximes* où il passe en revue avec une scrupuleuse reconnaissance tous les maîtres qui ont formé sa jeunesse. Le rhéteur grec est entièrement sacrifié au rhéteur latin, à ce Fronton qui demeura en effet l'ami intime du prince. Le souverain qui porta la philosophie sur le trône, et qui possédait à un si haut degré la mémoire du cœur, ne comptait pas Hérode parmi les hommes auxquels il devait le bienfait d'une haute culture morale.

C'est à Pergame qu'Aristide alla continuer ses études et ses exercices d'éloquence. Philostrate nomme le professeur qui, alors, dirigeait cette académie; Aristoclès, né dans cette ville, où il s'était d'abord voué à la philosophie péripatéticienne, se trouvait à Rome dans le temps où les improvisations d'Hérode Atticus y étaient l'événement du jour. Transfuge de la philosophie, Aristoclès devint un des élèves préférés du rhéteur athénien, dont il reproduisait assez heureusement l'élocution ingénieuse et l'élégance attique. Le biographe des sophistes, dans la notice qu'il lui a consacrée, nous apprend que, lorsqu'Hérode quitta sa chaire d'Athènes pour une des absences prolongées qu'il fit de cette ville, il envoya à Pergame, les léguant ainsi à Aristoclès, tous ses élèves; suffrage d'une autorité alors incontestée, qui mit le comble à la vogue de cette école. Mais quelle idée cela nous donne de l'empire qu'Hérode exerçait sur la jeunesse! Aristide ne fit-il point partie de cet essaim volant d'une ruche à l'autre, et dont le déplacement le rapprochait de son pays natal?

L'orateur, lorsqu'il était temps pour lui de faire ses débuts, parcourait la Grèce et l'Asie-Mineure, en donnant ce qu'on peut appeler des représentations oratoires. Ces athlètes de la parole, sortis de la palestre et de ses enseignements, achevaient de se former, en allant de ville en ville se faire connaître et apprécier du public rassemblé au théâtre ou ailleurs. Le jeune orateur pouvait, dans les cités où le conduisaient ses tournées, recevoir des maîtres illustres qui y tenaient école ces avis d'expert, ces dernières leçons qui éclairent le talent sur le genre de perfection et les qualités de style auxquelles l'appelle sa nature. Cela explique pourquoi, selon les sources que l'on consulte, Aristide, ou tel autre sophiste de renom, aurait étudié à d'autres écoles d'éloquence que celles indiquées par Philostrate, ou du moins en aurait fréquenté un plus grand nombre. Ainsi le lexicographe Suidas lui donne Polémon pour principal maître, dans l'intention peut-être de le rattacher à l'école de Smyrne, illustrée par l'enseignement de Scopélien, dès le règne de Nerva. Polémon, qui occupa la même chaire du temps des empereurs Trajan et Adrien, et dont les leçons formèrent Hérode Atticus lui-même, mourut sous Antonin-le-Pieux, à l'âge de cinquante-six ans. Aristide put le voir, le consulter, profiter de ses critiques avant qu'une grave maladie le forçât de prendre sa retraite. En tout cas, ce qu'il y a de certain dans le dire de Suidas, c'est que Smyrne fut le premier ou l'un des premiers théâtres où Aristide essaya ses forces en public, où il fut vivement goûté, se fit un parti et des admirateurs; il ressortira même, je crois, de la suite de ce récit que c'est à cette époque de sa vie que les Smyrnéens lui conférèrent le droit de bourgeoisie dans leur cité.

Rhodes fut une des étapes où le jeune orateur alla mesurer ses forces, et, selon quelque apparence, une des dernières. Il n'eut garde d'oublier l'accueil fait à ses discours dans le théâtre et le gymnase du peuple le moins dégénéré de la Grèce. L'origine dorienne de ces insulaires se laissait encore reconnaître dans leurs habitudes comme dans leur langage. La décence, la mesure, quelque chose de la grave simplicité du bon vieux temps, réglaient jusqu'aux marques d'approbation qu'ils donnaient aux orateurs. Aristide sentit le prix d'une admiration non moins parlante pour être silencieuse : au lieu de battre des mains ou de se lever tumultueusement de leurs places en agitant les bras, comme un auditoire d'Éphèse ou de Nicée, ils inclinaient la tête aux passages qu'ils goûtaient le plus vivement.

II

De Rhodes, Aristide regagna le continent de l'Asie-Mineure, et dut passer quelque temps dans sa ville natale et autres lieux de prédilection, avant d'entreprendre un voyage plus lointain, où il ne s'agissait plus de continuer l'apprentissage de son art. L'Egypte était, d'entre les provinces de l'empire, une des plus fréquentées par le vulgaire des touristes. Aristide avait un but plus sérieux. Versé dans les lettres antiques, il rendait grâces à Hérodote de lui avoir inspiré l'amour de cette terre des merveilles et d'une primitive sagesse, et il allait vérifier à son tour les assertions de l'historien. A ce motif, dont nous sommes instruits par lui-même, s'en joignaient d'autres plus profonds, tenant à ses sentiments religieux, à ses dévotions, au caractère sacerdotal qui releva chez lui la profession de l'orateur. C'était une sorte de consécration qu'il allait chercher au pied des autels d'Isis et d'Osiris. Des types bien différents de celui du rhéteur avaient frappé cette imagination exaltée. L'hiérophante et le prophète d'un nouveau Pythagorisme avait rempli de son nom et de son exemple le commencement de ce siècle. Comme le sage de Samos, et comme Platon lui-même, on peut le dire, Apollonius de Tyane avait demandé à l'Egypte le sceau d'autorité mystique dont il avait besoin pour sa mission ; des vues semblables, un tel objet d'émulation n'ont certes rien d'étranger au caractère d'Aristide.

Cette pérégrination fut de quelque durée, puisqu'il fit quatre fois le tour entier de l'Egypte. Il nous l'apprend dans une lettre, ou plutôt dans une dissertation adressée à un nommé Euthymène, personnage d'ailleurs inconnu. Il s'avança, au moins une fois, jusque sur le territoire de l'Ethiopie, en remontant le Nil jusqu'à Eléphantine, sept stades au-dessous de la cataracte, et de là à l'île de Philæ, dont il fit le tour et d'où il redescendit dans un bateau du pays. Dans ces excursions répétées, aucun lieu remarquable, aucun monument n'échappa à son examen; mais il s'arrêta surtout à bien voir les Pyramides, le Labyrinthe, les temples, les hypogées, prenant des notes avec soin, vérifiant les dimensions d'après les textes, et recherchant partout les prêtres et les *prophètes* pour les consulter sur les points que ses auteurs ne suffisaient pas à éclaircir.

Un accident regrettable lui fit perdre ce journal de voyage. Que n'est-il parvenu jusqu'à nous avec les autres écrits d'Aristide! Il nous en apprendrait bien plus que l'*Egyptien* sur la topographie de l'Egypte, et sur l'état de ses monuments, tels qu'ils se montraient aux voyageurs, dix-sept cents ans avant nous. Ce traité n'est pourtant point à dédaigner. Plus fort, il est vrai, d'érudition que de raison, il est agréablement écrit, et il met en plein jour la manière de penser d'Aristide, et, sauf quelques rares exceptions, de ses contemporains. Nous y trouvons discutées, et c'est là le propre sujet dont il ne s'écarte pas, les diverses explications que l'on avait données des crues annuelles du Nil, celle entre autres que l'on tirait de l'action des vents étésiens qui, disait-on, grossissait le fleuve en faisant rétrograder son cours inférieur du nord au sud, et celle qui attribuait le phénomène à la fonte des neiges dans les monts de l'Ethiopie, ainsi qu'aux pluies de cette région reculée. Cette dernière, la seule raisonnable, semble avoir été chez les Grecs aussi ancienne pour le moins que les autres. Elle est clairement et magnifiquement énoncée dans un fragment d'une des pièces perdues d'Eschyle, et Euripide n'avait pas besoin des leçons d'Anaxagore pour faire dire à Hélène : « Le Nil, ce fleuve d'une virginale beauté, dont les eaux, nourries par la fonte des neiges, fertilisent les campagnes de l'Egypte, en remplaçant pour elles les pluies du ciel. » [1]

A cette vieille vérité, pleinement confirmée pour nous par de récentes découvertes, Aristide, qui n'y voit qu'une invention absurde, oppose les ardeurs du climat africain sous la zone torride, l'aridité de ces déserts qui ont toujours repoussé la présence de

---

[1] Voir Eschyle, fragment de l'Ethiopide, 159 de l'éd. d'Ahrens; Euripide, Hélène, v. 1-3.

l'homme. Après avoir ainsi écarté toutes les solutions naturelles du problème, il en propose une tout à fait conforme à ce que nous avons déjà appris à connaître de son tour d'esprit.

« De même que le sommet des Pyramides étonne nos regards, tandis que la partie opposée, enfouie sous le sol, et, à ce que m'ont assuré les prêtres, non moins colossale dans ses dimensions, se dérobe à notre connaissance, de même le Nil, parvenu au faîte de sa grandeur, ne reconnaît plus d'autres bornes que l'Egypte elle-même, et la plaine qu'il inonde offre l'aspect d'une vaste mer ; mais comment devient-il si grand? Quelle est l'origine de ses accroissements? Voilà ce qui échappe à la connaissance de l'homme. Si l'Egypte, seule d'entre les contrées, changeant de forme et d'existence au gré de son fleuve, revêt tour à tour la nature d'un continent et celle d'une mer, et fait vivre les êtres dont elle est peuplée, tantôt sur la terre ferme, tantôt au milieu des eaux, à quoi doit-on attribuer ces merveilles, sinon à l'infinie sagesse et à ses divines prévisions? Le Nil, imitateur de Jupiter, qui lui confia ce ministère, prodigue aux peuples de l'Egypte, en compensation des eaux du ciel qui leur sont refusées, les trésors de son onde dans la saison où ils leur sont le plus nécessaires, leur assurant ainsi des récoltes d'une merveilleuse abondance, et bien au-delà de leurs besoins. Voilà, à mon sens, la cause unique à laquelle l'Egypte doit la présence du Nil et l'accroissement de ses eaux en été. Il en est de son cours comme des guérisons que nous accordent les *dieux sauveurs*, dont l'un porte le même nom que lui. Le principe suprême et la cause de ces délivrances est la volonté même qu'ils ont de nous sauver de la maladie et de la mort. Mais la raison qui les détermine à nous prescrire tel ou tel médicament, les vertus secrètes qui en expliqueraient le choix, qui fut jamais capable de les découvrir? Ne nous sauvent-ils pas souvent par les remèdes en apparence les plus contraires à cet effet, et dont l'emploi répugne le plus à notre ignorance? » (*Aristide Aegypt.*, tome II, page 487-489 de l'édit. de Dindorf.)

C'est bien là ce qu'on appelle la foi du charbonnier. « Les dieux le veulent ainsi » ; toute autre explication des phénomènes est interdite à l'intelligence de l'homme. Aristide se trouvait à l'aise dans ces entraves; c'était un supranaturaliste dans toute la force du terme, et des plus conséquents. Mais tout le monde à peu près pensait ainsi de son temps. Les classes les plus cultivées inclinaient de ce côté. Il est des siècles où les vérités et les recherches d'un certain ordre éblouissent et repoussent le regard de l'homme.

La sagesse païenne était plus curieuse et hardie quelques centaines d'années avant Aristide. Sans doute, du premier au dernier âge de l'antiquité, les croyances populaires, dédaigneuses ou méfiantes, résistèrent invinciblement à l'invasion de la science. Un Thalès, un Anaxagore n'eurent d'autres soutiens qu'une rare élite d'esprits courageux. L'immense travail d'un Aristote, les recherches, les observations et les calculs d'un Hipparque, d'un Eratosthène, d'un Archimède, ne réussirent qu'à élargir quelque peu cette menaçante enceinte de ténèbres impénétrables. C'est sous la protection des Ptolémées, et dans la fleur de leur académie alexandrine, que l'isolement des investigateurs fut le moins effrayant. Depuis lors, la nuit se fait, de plus en plus épaisse. L'astrologie, la magie, le goût des prodiges ne laissent presque plus de place à l'étude raisonnée des phénomènes. Au temps des Antonins, elle entrait moins que jamais dans le champ d'études des classes supérieures; les lettres, l'art de la parole, une rhétorique subtile absorbaient tout. Ce ne peut être impunément et sans péril pour la vraie culture que les habitudes générales ou un système officiel d'éducation publique sacrifient les sciences aux lettres ou les lettres aux sciences. Combien autre serait l'éloquence de ces rhéteurs de l'empire si, comme Périclès, ils eussent conversé avec Anaxagore! Le mal, après l'âge des Antonins, va croissant et envahit tout : chrétiens et païens se valaient à cet égard. Que l'on en juge par l'anathème que l'un des plus éloquents apologistes du christianisme, Lactance, prononçait contre une des notions les plus élémentaires de la cosmologie! Il croyait ainsi achever de confondre la sagesse des Gentils par le plus frappant exemple de ses égarements.

« Peut-on pousser l'ineptie jusqu'à s'imaginer qu'il y ait des pays où les hommes ont les pieds en haut et la tête en bas, où les moissons et les arbres croissent du haut en bas, où la pluie, la neige, la grêle montent vers la terre, au lieu d'y descendre..... Voilà jusqu'où s'égarent, dans leur folie, les hommes qui, entêtés d'un faux principe, en embrassent forcément les conséquences. Réduite à soutenir une idée chimérique par d'autres chimères, leur philosophie se joue de nous par de vains tours d'adresse, ou bien, ayant pleine conscience du mal qu'elle veut faire, elle prend la défense du mensonge, et se fait une gloire de déployer la subtilité de sa dialectique au profit d'erreurs dangereuses. »

Il serait inutile de prolonger cette citation. C'est là qu'en était l'esprit humain au commencement du IVme siècle. Quelle idée se faire, à ce point de vue, de la cour de Constantin-le-Grand et des lumières dont elle s'entourait! On sait que Lactance jouit d'une haute faveur auprès de ce prince, et fut chargé par lui de l'éducation de l'aîné de ses fils.

Aristide, avant de quitter l'Egypte, reçut de fâcheuses nouvelles au sujet des Rhodiens : une députation, chargée de solliciter les secours des Hellènes, était arrivée à Alexandrie, et il eut une entrevue avec elle. La ville de Rhodes venait d'être renversée par un tremblement de terre, un des plus violents de ce siècle, tant de fois attristé par ce fléau. Pausanias en fait mention dans sa Périégèse, à propos de la bienfaisance sans bornes qu'Antonin-le-Pieux déployait en de telles occasions. La lettre ou discours de consolation qu'Aristide écrivit aux Rhodiens, et qu'il leur adressa probablement d'Alexandrie, est, parmi ses œuvres, une de celles qui méritent d'être lues. A la manière vive et frappante dont il décrit le tremblement de terre et ses funestes effets, on voit qu'il parle d'un pays et d'une ville où il avait vécu, et que les impressions toutes récentes de témoins oculaires ont passé dans son récit. Les motifs qu'il fait valoir pour ranimer le courage des Rhodiens, les raisons qu'il leur fournit de ne pas croire que tout est fini pour eux, respirent une sagesse élevée. S'ils veulent l'écouter, c'est dans leurs propres efforts qu'ils trouveront le gage d'une renaissante prospérité. Il est à regretter que leurs députés n'aient pas été uniquement chargés d'apprendre aux Hellènes que Rhodes ne désespère point d'elle-même. D'ailleurs, pour être présentée dans un si digne langage, la quête n'en serait pas moins fructueuse.

III

Rien, dans la carrière d'un lettré de l'empire, ne marquait plus qu'un séjour à Rome, de quelque durée. Pour le Grec aussi bien que pour les natifs d'une province latine, la haute célébrité était à ce prix. Là seulement il trouvait un public dont le suffrage était sans appel, et un pouvoir qui disposait des distinctions les plus éclatantes. Depuis la fin des dynasties plus exclusivement latines des Jules et des Flaviens, la suprême faveur, les dignités de l'empire, les procuratures, les proconsulats, étaient devenus bien autrement accessibles aux Hellènes. Plutarque et Dion Chrysostome sous Trajan, Hérode Atticus sous Antonin avaient vu leur mérite couronné par les honneurs consulaires. Et, sans viser aussi haut, c'est dans la capitale du monde qu'un rhéteur d'Athènes ou de Pergame acquérait une considération, une supériorité de rang et de renommée qui s'imposait à ses concitoyens. Avant de retourner dans sa province, il avait formé des relations illustres, établi une correspondance durable avec de grands personnages, avec l'empereur lui-même, priviléges d'un grand prix en mainte circonstance pour leur possesseur et surtout pour sa patrie.

    L'ambition d'Aristide ne pouvait être insensible à de telles perspectives. Il était âgé de trente ans environ lorsqu'il se décida à ce voyage, qui fit époque dans sa vie, mais autrement qu'il n'avait espéré. Sur le point de quitter Adriani où, après chaque absence, sa piété le ramenait toujours, il ressentit les premiers symptômes d'une crise étrange qui altéra profondément sa constitution irritable et délicate. A la suite de quelques imprudences, il commença à maigrir, à perdre ses forces, et, à ce dépérissement se joignirent bientôt l'inflammation de la gorge et des entrailles, et autres atteintes non moins douloureuses. Mais le dieu qui lui apparaissait dans ses songes lui ordonnait de partir, et il obéit sans hésiter, malgré les rigueurs d'un hiver des plus rudes. Il en eut beaucoup à souffrir en traversant la Thrace et la Macédoine pour gagner un port de l'Adriatique, et force lui fut de s'arrêter assez longtemps à Edesse, ancienne résidence des rois de Macédoine. Il n'arriva à Rome qu'au mois d'avril, environ quatre-vingt-dix jours après son départ, et là, une aggravation de ses maux lui fit perdre à peu près tous les avantages qu'il attendait de sa persévérance. Comment se produire en public ou auprès des grands et de la cour? La fièvre, un froid intérieur qui lui glaçait les veines, les accès continuels d'une dyspnée qui menaçait de l'étouffer lorsqu'il parlait ou prenait ses repas, tout cela le condamnait à une réclusion des plus inopportunes. C'est en vain qu'il consulta les médecins ; tous leurs remèdes échouèrent, entre autres l'incision qu'ils pratiquèrent depuis la poitrine jusqu'à la région de la vessie. Il finit par n'avoir plus d'autre désir que de se retrouver chez lui, attendant avec impatience d'avoir recouvré assez de forces pour entreprendre le voyage. Il faut pourtant parler des souvenirs d'une nature moins pénible qu'il emporta de son séjour de quelques mois dans la grande cité. Il y revit Alexandre de Cotyée, ce maître auquel il était resté tendrement attaché et qui, alors établi dans la capitale, jouissait de l'estime et de la faveur d'Antonin et comptait parmi les instituteurs du jeune Marc Aurèle destiné à l'empire. « Le fruit le plus doux de l'amitié que je lui avais vouée était la certitude de posséder la sienne.

Quelles preuves ne m'en a-t-il pas données pendant que j'étais malade à Rome, n'épargnant rien pour me sauver la vie, et certes, après les dieux, c'est à lui que je dois de l'avoir conservée pour revoir mon pays natal. » C'est ainsi qu'Aristide s'exprime dans la lettre ou plutôt l'éloge funèbre qu'il adressa au sénat de Cotyée, après la mort d'Alexandre.

Esculape, de son côté, n'abandonna point son protégé dans la détresse, plus soigneux, et il le fut longtemps encore, de l'éprouver et de le consoler que de le guérir. A la suite d'un de ces songes qui étaient pour lui autant de révélations de la volonté divine, Aristide prit assez sur la langueur qui l'accablait, pour composer un péan, son coup d'essai dans le genre lyrique, en l'honneur d'Apollon, père d'Esculape. Alité, ou du moins confiné comme il l'était, il ne put se mêler à la foule qui célébrait alors les Apollinaires dans les temples et dans les jeux du cirque. Etranger à Rome, il lui était permis d'ignorer que ces fêtes avaient lieu du six au treize juillet. Il ne l'apprit qu'après avoir achevé son hymne. Il s'était donc uni sans le savoir aux hommages que le peuple romain rendait au dieu de l'harmonie. Dans cette coïncidence que tel, de nos jours, appellerait un cas de sympathie magnétique, Aristide pouvait-il voir autre chose qu'une nouvelle preuve de la protection mystérieuse qui ne cessait de l'entourer ?

Vers le commencement de l'automne, Aristide, hors d'état de supporter les secousses d'un voyage par terre, descendit le Tibre pour aller prendre la voie de la mer au port d'Ostie. Entre les mauvais temps de la saison, une recrudescence inévitable de ses maux et le manque d'égards de l'équipage et de son chef dont il se plaint amèrement, il trouva longue cette navigation d'une quinzaine de jours, son Odyssée comme il l'appelle. Le navire marchand qu'il montait avec quelques amis dont il payait le passage, essuya une première tempête avant de sortir de la mer Tyrrhénienne et de toucher au cap Pélore, une autre sur l'Adriatique ; c'est le nom qu'il emploie, parce qu'on l'étendait alors à l'embouchure de ce vaste golfe, anciennement appelée mer Ionienne ; ils abordèrent, non sans de grandes difficultés, à l'île de Céphalénie. Le temps n'était pas meilleur lorsqu'ils s'arrêtèrent à Patræ (Patras). Pour se rendre de ce port en Asie, on préférait assez généralement traverser dans sa longueur le golfe d'Achaïe, malgré l'inconvénient d'avoir à transporter par terre, à l'autre bord de l'isthme, équipage et cargaison. Le capitaine eut sans doute ses raisons pour prendre l'autre voie, celle du tour du Peloponnèse, s'obstinant d'ailleurs à repartir le jour de l'équinoxe par une mer très-mauvaise et en dépit des avis et des réclamations d'Aristide. Le marin qui commandait cette *holcade* ou vaisseau de transport pour les marchandises, ne se souciait guère, à ce qu'il paraît, des convenances de ce rêveur mélancolique dont les plaintes et les présages l'obsédaient, et suivant, sans en tenir compte, sa carte de route, ne pensait qu'à ses affaires, qu'à l'expédition de ses ballots, et s'arrêtait aux stations tout juste le temps qu'elle exigeait. Sur l'Egée, il en fut de même ; Aristide n'eut pas plus à se louer de la mer et des marins ; ses pressentiments et ses murmures ne furent pas mieux écoutés. Cependant l'île de Délos, une des échelles ou relâches de la route, lui préparait une éclatante revanche. On ne me saura pas mauvais gré de lui laisser de nouveau la parole :

« Je naviguais de Grèce en Asie lorsque, assaillis par une tempête, nous eûmes le
» bonheur d'aborder sans accident à Délos, et ensuite à Milet, ces deux sanctuaires
» du culte d'Apollon. C'est donc à Apollon Délien, cette divinité de bon secours, que
» je dois le tribut de ma reconnaissance. Lorsque j'eus débarqué à Délos, vexé
» par l'obstination et l'humeur fantasque du conducteur du navire, qui se piquait
» de tenir tête aux vents contraires et de labourer pour ainsi dire la mer, je fis ser-
» ment de ne pas me rembarquer avant deux jours. Qu'il parte sans moi, s'il en a la
» fantaisie, m'écriai-je ; puis j'allai offrir un sacrifice à la divinité du lieu, et je passai
» la plus grande partie de la journée dans le temple et aux alentours. En entrant dans
» la maison où je devais reposer, je donnai ordre aux valets de renvoyer sans façon
» quiconque viendrait du navire me demander. Ainsi je passai la nuit dans le port de
» Délos. A l'heure du premier sommeil se présentent des matelots dans un état
» d'ivresse ; ils frappent à la porte, et insistent pour que je me relève et regagne le
» navire. Il fait, disaient-ils, le plus beau temps du monde. Vous extravaguez, leur ré-
» pondit-on, et, d'ailleurs, quoi qu'il arrive, Aristide ne bougera pas. Ils s'en allèrent
» tout courroucés, comme si je leur causais un grand tort. Le chant des coqs allait se
» faire entendre lors qu'il se leva tout à coup un vent furieux ; la mer, tourmentée
» d'une terrible manière, inondait tout sur la côte ; les navires en station dans le port,
» étaient poussés vers la terre ou s'endommageaient en s'entrechoquant. Le bâtiment
» qui nous avait amenés eut bientôt ses cordages rompus ; d'un moment à l'autre, les
» flots le soulevaient, puis semblaient l'engloutir. Les matelots, éperdus et poussant
» des cris, eurent beaucoup à faire pour le remettre en état de sûreté. Les eaux du

» ciel tombaient par torrents. Dans l'île même, l'agitation et le bruit étaient si forts
» qu'on pouvait se croire dans un navire battu des flots. Avec l'aurore, je vois arriver
» les amis que j'avais emmenés avec moi à mes frais. Ils me proclamaient leur sau-
» veur, ils me devaient la vie, disaient-ils; on voyait bien que les dieux veillaient sur
» mes jours, et ils s'en félicitaient pour moi et pour eux-mêmes. Les matelots parurent
» à leur tour, et, cette fois, ce furent des actions de grâces qu'ils m'adressèrent. L'idée
» du péril auquel ils avaient failli s'exposer les faisait trembler. » Ainsi, comme Simonide, et même d'une manière plus signalée, Aristide, c'est lui qui en fait la remarque, se voyait récompensé par les dieux. Les Dioscures avaient dérobé le poète de Céos à une mort imminente; Aristide y avait échappé avec ses amis.

L'abord de Milet ne fut pas moins difficile que celui de Délos; l'hiver, au sens étendu que lui donnaient les anciens, avait commencé lorsque enfin Aristide prit terre au port de Smyrne contre tout espoir. Son état était pitoyable et si grande la complication des symptômes, que les médecins et les gymnastes, appelés en consultation, n'y purent rien comprendre, et après avoir essayé quelques remèdes, envoyèrent le patient aux eaux thermales situées dans le voisinage. Il s'en lassa bientôt et prit la route de Pergame, la ville bien-aimée d'Esculape, d'où il n'avait plus beaucoup à voyager pour se retrouver à Adriani, au milieu des siens.

IV.

Depuis lors, Aristide, toujours souffrant ou valétudinaire pendant douze autres années, ne quitta guère sa province, et pourtant ce long intervalle n'est pas si vide de faits intéressants qu'on pourrait le croire. Mais, ayant à les puiser dans les Discours sacrés dont j'ai déjà fait quelque usage, il est à propos de donner ici quelque idée de ce document singulier. Ce titre de Discours sacrés, ou, plus littéralement, *des choses sacrées*, en indique moins l'objet que l'esprit et la tendance. Au fond, ce n'est pas autre chose qu'une espèce de mémoires sur cette période de la vie d'Aristide. Il s'y représente, et nous le savons déjà, comme l'élu et le favori d'une puissante divinité, la plus encensée dans le paganisme d'alors, et il raconte comment elle l'a soulagé dans ses agonies, a prédit et préparé ses délivrances, enfin tout ce qu'elle a fait ou plutôt lui a fait faire, en ces mêmes temps, dans l'intérêt de sa gloire, de sa dignité, de son indépendance et de son repos.

C'est là une lecture qui ne laisse pas d'attacher un esprit curieux, malgré le courage et le labeur qu'il faut pour s'y engager et persévérer. Aristide nous apprend lui-même dans quelles conditions furent rédigés ces mémoires divisés en six livres, dont le dernier n'est qu'un fragment, et qui, destinés à des lectures publiques, furent lus en effet, devant quelque auditoire. Il ne le donnerait pas à entendre que le ton et les allures du style en fourniraient la preuve [1]. Il avait, pendant le cours de sa maladie, noté au fur et à mesure les songes qui le visitaient, avec les circonstances et l'accomplissement de ces oracles nocturnes. Ayant égaré en tout ou en partie cette espèce de journal, il voulut réparer cette perte encore à temps, en consignant tout ce qui en restait dans ses souvenirs. De là le genre de rédaction le plus confus dans son ensemble et de la forme la plus bizarre qu'on puisse imaginer. Le fil du récit se noue, se rompt, se renoue au gré de l'association des idées ou des mouvements de la fantaisie, au lieu de s'astreindre à l'ordre des temps. Avec un pareil guide, le lecteur se promène sans savoir où il va, remontant d'un fait à un fait semblable, mais d'une autre date, et de là, à des souvenirs plus anciens encore, et, de plus, tel récit laissé incomplet dans le premier ou le second livre, est repris dans le troisième ou le quatrième, complété par de nouveaux détails et avec autant d'à-propos. Cette histoire où les rêves se mêlent et s'entrelacent avec des souvenirs d'une réalité vivante, semble, à la longue, n'être elle-même qu'un rêve dont on ne voit pas la fin, et le lecteur se prend à se frotter les yeux pour savoir si lui-même il est bien éveillé. La véracité de l'écrivain est-elle sujette à quelque soup-

---

[1] Cet usage était général, et le fut longtemps encore. Le plus illustre rhéteur du quatrième siècle, Libanius, recourut à ce grand moyen de publicité pour entretenir ses concitoyens d'Antioche des événements de sa vie, consignés dans un livre (*Libanius de vita sua*), dont la forme et d'autres ressemblances trahissent l'imitation des Discours sacrés. On peut nommer encore à l'appui un contemporain, un ami de Libanius, Ammien Marcellin, Grec d'Asie comme lui et comme Aristide, mais bien supérieur à tous deux par l'élévation et l'étendue de son esprit et par la sûreté de son jugement. L'histoire de son temps, l'unique production éminente en ce genre que les lettres latines ont à compter depuis Tacite, et les treize livres des Vies des empereurs depuis Domitien, qui en étaient la partie préliminaire et qui se sont malheureusement perdus, furent écrits en latin pour servir à des cours de lectures devant le public de Rome. Ils y firent sensation, comme le prouve une lettre que Libanius adressa d'Antioche à l'historien pour l'exhorter à poursuivre et à terminer cette œuvre d'une si grande étendue. « On m'apprend que Rome elle-même *couronne* tes labeurs. Continue d'écrire, et de faire jouir ton *auditoire* du fruit de tes études, » etc. (νέμεῖς εἰς συλλόγους, etc). L'éloquence des rhéteurs les plus écoutés essuya donc une défaite ; la vieille capitale leur préféra quelque temps ce soldat émérite, sa mâle et rude parole, cet accent de vérité qui anime ses récits de guerre comme ceux où il dévoile les crimes des princes et les intrigues de leur sérail.

çon? Pour ce qui concerne les faits réduits à leur nudité primitive, je ne le crois pas. Mais l'imagination et un certain charlatanisme, qui accompagne volontiers les persuasions ardentes lorsqu'elles aspirent à s'imposer, exagère et colore beaucoup de choses dans le sens du surnaturel. C'est la distinction qu'a cherché à faire un érudit du dix-septième siècle, Masson, auteur de recherches chronologiques sur les vies de Cicéron, d'Horace et de Pline le jeune, et à qui les Discours sacrés ont fourni les principaux matériaux d'une biographie d'Aristide. Chaque événement, quelle qu'en soit l'importance, s'y trouve rangé à la date de son année, et, malgré telle erreur ou telle conjecture hasardée qu'on y peut trouver à reprendre, cette chronique a son utilité. J'en ferai pourtant un usage très-restreint pour ce qui va suivre. Il n'est pas besoin de pareilles précisions pour éclairer de plus en plus cette figure, la scène où elle fit son apparition, le siècle où les extravagances du visionnaire ne firent qu'aider au crédit et à l'influence de l'orateur.

Et d'abord, qu'était donc la maladie d'Aristide? N'y peut-on pas reconnaître une névrose chronique, l'hypocondrie, traînant à sa suite son cortége ordinaire de désordres intérieurs et de souffrances réelles? C'est aux médecins à nous le dire, et, soit dit en passant, une traduction avec commentaire des Discours sacrés, telle que pourrait la faire un de leurs érudits, un Littré, par exemple, ou un Daremberg, ne serait pas sans profit pour l'histoire ancienne de la médecine. Quel que soit le nom à donner au cas singulier que je renvoie à leur appréciation, il est de fait que la santé d'Aristide, jusqu'au jour où elle revint à son état normal, passa par une alternative de rechutes où plus d'une fois il se crut à l'article de la mort, et de sensibles améliorations qui lui permettaient, comme on le verra, d'aller, de venir, de voyager ici ou là, tantôt en char, tantôt à pied, et de donner bien d'autres preuves d'activité et de vigueur. Il est un mérite qu'on ne peut refuser à son mystérieux médecin ; c'est d'avoir entretenu en lui la force morale, d'avoir cent fois relevé son courage après quelque accès d'abattement ou de désespoir. Il n'est pas jusqu'au traitement qui ne tourne à l'honneur d'Esculape ; du moins n'est-il pas toujours aussi absurde, aussi irrationnel qu'on pourrait s'y attendre.

La médecine des songes n'était point hostile, par exemple, au système ou du moins au fréquent emploi de l'hydrothérapie déjà pratiquée au temps d'Auguste par un médecin illustre, Antonius Musa. Les bains froids occupent une place considérable dans la thérapeutique des Discours sacrés ; conformément à une opinion qui existe encore, c'est

en hiver qu'ils étaient réputés avoir toute leur efficace ; c'est au milieu des rigueurs de cette saison qu'on les voit prescrits au malade. Son état, qui ne manquait guère d'empirer au retour des frimas, donnait toute son opportunité à l'emploi de cet agent énergique. « Personne, dit-il, à ce propos, si ce n'est les témoins qui m'ont suivi des yeux
« dans ces circonstances, ne peut se faire une idée de la déplorable condition soit exté-
« rieure, soit intérieure, où je me suis vu réduit. Un violent catarrhe ne me laissait de
« relâche ni le jour ni la nuit. Je souffrais de palpitations ; mon haleine était brûlante.
« A chaque instant je m'attendais à mourir, et je ne pouvais pas même faire l'effort
« d'appeler à moi un de mes gens, ce qui, du reste, eût été inutile. Je n'avalais quel-
« ques aliments qu'avec une extrême difficulté ; impossible à moi de demeurer couché ;
« il me fallait passer les nuits sur mon séant, la tête appuyée sur les genoux, enveloppé
« de laine et autres vêtements chauds. Ainsi condamné à une reclusion absolue, j'in-
« voquais en vain le sommeil ; mais le détail en serait infini, et qui voudrait compter
« tous les accès douloureux, toutes les crises intolérables dont le dieu m'a envoyé cher-
« cher le soulagement dans les bains de mer, ou dans l'eau des fleuves et des sources,
« en m'enjoignant d'affronter pour cela les rigueurs de l'hiver, en viendrait seul à con-
« naître, dans toute leur étendue, les soins dont m'a comblé mon sauveur.

L'hydrothérapie ne saurait se présenter sous un aspect plus effrayant, et la foi d'Aristide fut poussée jusqu'à l'héroïsme. Un jour, à Pergame, c'était en hiver, l'oracle, après avoir prescrit d'abondantes saignées d'abord au bras, puis au front, n'attend pas le terme de ces opérations phlébotomiques pour décider que le patient ira se plonger dans les eaux du Caïque. C'est à pied qu'il s'y rendra ; il ne s'arrêtera qu'à l'endroit où s'offriront à ses yeux un cheval se baignant dans le fleuve, et le néocore ou sacristain d'Esculape debout sur le haut de la rive. Tout cela se rencontre en effet conformément à sa vision, et le bain qu'il prend en ce lieu prédestiné lui cause un soulagement extraordinaire. « On ne saurait croire, assure-t-il, combien je me sentis alors léger et dispos, et mes forces restaurées. Mon bien-être passait toute conception, hormis celle d'un dieu. »

Parmi ces histoires de bains, il en est de plus longues et qui ne tiennent pas moins du prodige. En grossir ce chapitre de la biographie d'Aristide, ce serait sortir des proportions voulues. A plus forte raison laisserons-nous de côté le détail des jeûnes, des marches à pieds nus par le froid ou la pluie, et autres endurances de cet infatigable songeur, qui lui donnent un certain air de parenté éloignée avec quelque ascète des thébaïdes, ou mieux, avec les joguis de l'Hindostan. Les Discours sacrés fourniraient aussi une bonne liste de médicaments, de recettes, de drogues, toute une pharmacopée dont je doute que le dieu de la médecine accepte la responsabilité sans de fortes exceptions. L'interprétation des incidents qui précèdent ou accompagnent chacune de ces ordonnances, l'emporte en puérilité superstitieuse sur tout ce que nous avons déjà vu de cette manie d'un esprit bigot.

Esculape, ou, si l'on veut, les instincts du malade, le conseillèrent mieux en le décidant, lorsque un repos de quelques mois lui eut rendu une partie de ses forces, à combattre vaillamment ses répugnances pour le travail, à relire les classiques et surtout Démosthène, à méditer, à composer, à rompre même, et c'était bien là ce qui demandait le plus de courage, le silence qu'il avait trop longtemps gardé devant le public. Si l'on ne regarde qu'à cette partie du traitement, peut-on hésiter sur le nom à donner à la maladie? Plus d'un cerveau assiégé par de sombres vapeurs, l'auteur de Rasselas, par exemple, a réussi de même à s'en dégager par intervalles, à conquérir sur son mal des heures d'épanouissement et de fécondité.

Il va sans dire qu'en réconciliant Aristide, tout infirme et souffrant qu'il était, avec les labeurs et les agitations de la vie de sophiste, son démon ou céleste gardien ne lui épargna pas les stimulants moraux et lui prêta au besoin une main secourable. Ce fut lui qui, le jour d'un premier essai, fournit le sujet d'une déclamation qu'Aristide, sans quitter le logis, ayant son lit pour tribune, prononça devant un cercle d'amis. Ce sujet était Démosthène haranguant Alexandre pour l'engager à pousser plus loin ses conquêtes dans l'Inde. Les vues que ce thème oratoire supposait chez le patriote athénien étaient, au fond, de ménager à la Grèce l'occasion et les plus fortes chances d'une insurrection victorieuse contre le joug de la Macédoine. D'autres songes, dans la suite, indiquèrent de même à l'orateur la matière et le plan de plus d'un de ses discours. Aussi les défaillances de sa santé firent-elles époque dans le développement de son talent. Son éloquence prit un essor dont il ne fut pas le seul à s'apercevoir. Une maladie, qui inspirait si heureusement son imagination au lieu de l'abattre, ne fut plus à ses yeux qu'une dispensation extraordinaire, destinée à l'élever au-dessus de tous les orateurs et au-dessus de lui-même. Tel de ses amis ou de ses auditeurs assidus en conçut la même idée. On comprend le plaisir qu'il trouve à s'appuyer de

leur témoignage : « La fortune, lorsqu'elle vous affligea de cette maladie, conspirait en
» faveur de votre gloire, » lui disait un jour, après l'avoir entendu, un sénateur romain
très-versé dans la connaissance des lettres grecques, et juge des plus estimés en ces
matières. « Il vous fallait vivre en rapport intime avec le dieu, pour que votre éloquence
» atteignît une telle hauteur. »

On voit que la dévotion d'Aristide laissait le champ libre à son orgueil. Cet orgueil
est ce qu'il a de commun avec les orateurs de son temps. Les pratiques d'une dévotion
outrée, cette persuasion d'être l'élu et le favori de la divinité, voilà le trait distinc-
tif de son caractère. En tout le reste, ses rivaux de gloire et lui, se ressemblent; même
ambition inquiète et jalouse, même férocité d'amour-propre, éternels travers de la
gent lettrée, qui ne furent jamais poussés plus loin que par ces rhéteurs, si ce n'est par
les philologues de la Renaissance, par les *Gladiateurs* de M. Nisard.

V.

Rien d'aussi piquant dans le journal d'Aristide que les scènes où il nous montre
réunis dans sa personne ces trois rôles, le malade, le dévot et le rhéteur amoureux de
la gloire. Ils s'y marient et s'y entr'aident avec une naïveté de bonne entente qui touche
au comique. Dans les excursions qu'il fait, à peu près chaque année, d'un bout à l'autre
de l'Ionie et de la Mysie, et même une fois, hors de ces limites, jusqu'à Épidaure, il
ne manque jamais, partout où il s'arrête, de visiter avant tout et de fréquenter le sanctuaire du lieu. Le plus souvent il y passe quelques nuits pour appeler autour de son
sommeil les divines visions et les voix prophétiques, mais il ne manque guère non
plus de paraître et de déclamer dans la curie de la cité ou au théâtre. Il tient à
nourrir sa popularité et à soutenir sa renommée à Pergame, à Éphèse, à Cyzique, où,
à l'occasion d'une fête, un de ses discours qui nous a été conservé, célèbre le temple
magnifique dont M. Gustave Perrot a exploré et décrit l'emplacement et les ruines
avec tant de savante précision et d'heureuse sagacité. Mais nulle part autant qu'à
Smyrne, Aristide ne redoute de se laisser oublier, ou d'être supplanté par quelque
rival. Cette ville est bien, en pays grec, le plus haut point de mire de ses préten-
tions et de sa gloriole. L'anecdote que je choisis entre plusieurs, a l'avantage de

nous y transporter ; d'ailleurs, aucun personnage essentiel ne fait défaut dans cette scène où figurent l'orateur, la clique de l'orateur, un concurrent, et le public smyrnéen.

Le sophiste faisait un de ses nombreux séjours ou villégiatures dans sa retraite héréditaire au pied de l'Olympe, lorsqu'il reçut de son dieu protecteur l'ordre de partir pour Smyrne où l'attendait un succès extraordinaire. S'étant mis en route, il s'arrêta quelques heures à Pergame où il visita dévotement tous les temples ; puis, après avoir essuyé une violente averse qu'il accepte comme une épreuve de sa foi et de sa constance, il s'approche de Smyrne. Laissons-le maintenant raconter lui-même son arrivée : « Avant
» mon entrée dans la ville, je vis venir à ma rencontre un grand nombre de personnes,
» et les jeunes gens des meilleures familles m'eurent bientôt formé un cortége ; dès
» lors je compris clairement ce qui m'attendait, et l'appel que le dieu m'avait adressé
» me parut pleinement justifié ; or il se trouva que peu de temps auparavant un certain
» Égyptien, un Grec d'Alexandrie, de petite stature et d'un mince mérite, était venu
» s'établir dans la ville, et, ayant gagné quelques-uns des sénateurs, avait répandu dans
» le public qu'il se proposait d'acheter la bourgeoisie, et qu'il n'épargnerait pas la
» dépense pour se recommander par ses largesses. Cet homme profitait de la moindre
» occasion pour se produire effrontément au théâtre et haranguer les assistants.
» C'était à en rougir de honte pour la ville ; mais je n'en fus informé que le soir
» de mon arrivée, en faisant visite à mes connaissances ; on m'apprit aussi que ce
» personnage devait donner une séance, le lendemain, à l'Odéon, qui est situé près
» de la mer, et qu'il s'y était logé par une permission des autorités, ou en vertu de je
» ne sais quel titre. Pendant la nuit, j'eus le rêve que voici : le soleil se levait sur
» l'Agora, et il me semblait l'entendre prononcer ces mots : « Aristide déclamera
» aujourd'hui à la quatrième heure dans l'Hôtel-de-ville. » Le son de cette voix
» m'éveilla : réellement, c'était moi-même qui avais parlé. Est-ce un songe ou une
» vision d'homme éveillé ? me demandai-je. A l'instant je convoque ceux de mes amis
» sur lesquels je pensais pouvoir le plus compter, et je leur fais part de l'ordre que
» j'ai reçu. Et l'on se hâte d'afficher l'annonce ; car l'heure indiquée par le rêve
» approchait. Quoique je me présentasse presque à l'improviste et que mon arrivée
» fût encore ignorée de la plus grande partie du public, la salle était comble ; on ne
» pouvait voir que les têtes des assistants, serrées les unes contre les autres ; entre
» deux corps, il eût été impossible de fourrer l'épaisseur de la main, et certes, la joie

» manifestée par des acclamations et des trépignements, et, à vrai dire, l'enthousiasme
» universel était si grand que personne ne resta assis pendant le prélude musical, ni
» après que je me fus levé pour commencer mon discours. Dès les premiers mots ils
» furent hors d'eux-mêmes ; c'étaient des larmes, des cris, des frémissements ; ils
» applaudissaient de la tête, du regard, et l'on n'a jamais rien entendu de pareil aux
» éloges, aux témoignages de vénération dont ils me comblaient à l'envi. Aux bains de
» la ville, où je me retirai ensuite, on vint m'annoncer qu'un certain personnage, qui
» avait eu la précaution d'annoncer trois jours d'avance, par une affiche, qu'il décla-
» merait à l'Odéon, avait réussi, dans cette même matinée, à réunir jusqu'à...... dix-
» sept auditeurs ! Certes, il lui fut donné ce jour-là une leçon de modestie dont il a dû
» profiter. Mais je m'en tiens à ce que je viens de raconter, et je l'aurais même gardé
» pour moi si je ne me faisais un devoir de montrer que mon rêve était véridique, de
» signaler la main divine qui avait tout disposé pour mon triomphe, et le miraculeux
» accord de l'événement avec l'ordre que j'avais reçu de partir d'Adriani et de me
» rendre à Smyrne. »

N'a-t-on pas lieu de s'étonner de trouver à peine quelque part une citation de cette page d'Aristide, et que personne, jusqu'ici, n'ait essayé de la traduire ? Il semble pourtant qu'elle en valait la peine. Pour ce qui est de l'ignorance du public, au sujet de l'arrivée de son orateur de prédilection, *Credat Judaeus Apella*. Mais, au moins, à cet endroit, l'orateur préfère-t-il la gloire de son dieu à la sienne.

VI.

Ce récit donne une idée de la popularité qu'Aristide s'était acquise à Smyrne. Le rang et la position dont il y jouissait se dessinent sous une autre face, mais avec non moins d'évidence dans d'autres pages, qu'on ne me blâmera pas, j'espère, malgré leur étendue, de traduire dans leur entier. Il s'en trouve bien, çà-et-là, des citations dans les recherches érudites sur certains points d'antiquités, mais ces anecdotes sont de fait si peu connues, qu'il me semble, en les reproduisant ici, tirer de la poussière un fragment de mémoires inédits, précieux pour l'étude des coutumes et des affaires de la nation grecque, à l'époque où vivait l'auteur.

Si la maladie d'Aristide eût été de nature à lui rendre impossible de rentrer dans la carrière, de déclamer dans les villes et d'y recueillir d'éclatants suffrages, l'obscurité où il serait tombé, l'oubli universel, lui aurait épargné de cruels embarras. Un homme riche, populaire, éloquent, célébré par les cent voix de la renommée, réunissait tous les titres pour se voir appelé aux charges, aux fonctions que le système des autonomies provinciales laissait à l'élection des cités et pour lesquelles, tout naturellement, on portait avant tout les yeux sur les sophistes, sur les orateurs. Si ces corvées de la vie civile sont odieuses à plus d'un homme de lettres, dont elles troublent et le travail et le repos, que devaient-elles être pour Aristide? Chez lui tout y était contraire, son état de santé, son indolence d'hypocondre, ses études et ses visions, ses exaltations de mystique et ses continuels pèlerinages. Et, enfin, était-il autorisé par son dieu à les accepter ? On verra que non. Malheureusement il lui manquait une chose pour obtenir sans conteste les immunités auxquelles sa profession avait droit, bien que ses confrères s'abstinssent souvent de les réclamer. Il l'exerçait dans ce qu'elle avait de plus brillant; mais ce n'était pas assez pour refuser, la loi à la main. Il n'enseignait pas ; il ne tenait point école ; il avait jusque-là décliné cette tâche dont sa fortune patrimoniale lui permettait de dédaigner les émoluments, et qu'il devait juger encore plus ingrate qu'elle ne l'est en effet. Or, par cela même, il n'avait pas droit au titre de rhéteur dans le sens complet et officiel où il est employé dans les rescrits impériaux, au sujet des immunités ; il restait en dehors de la catégorie privilégiée que précise en ces termes l'empereur Adrien : « Les philosophes, les rhéteurs, les grammairiens, les médecins doivent être exemptés des fonctions de gymnasiarque, de celles de l'édilité (ou agoranomie), des sacerdoces, des logements de troupes, des députations, etc., etc., et, en général, des charges imposées par les cités. »

Voici donc le plus sérieux de ces tracas d'où Aristide eut tant de peine à sortir ; en gros, on devine qui le libéra en suprême ressort ; mais l'imbroglio est assez plaisant pour qu'on suive la pièce jusqu'à la chute du rideau.

« Sévère, proconsul de la province d'Asie, exerça cette charge un an avant l'ami
» dont je viens de parler. C'était un homme d'un caractère fier et impérieux, et
» lorsqu'il avait pris quelque décision, il n'était donné à personne de l'en faire reve-
» nir. Je séjournais dans le voisinage de l'Esèpe, et dans les environs du temple de
» Jupiter lorsque eut lieu ce que je vais raconter. En ce temps-là, une fois par an,
» chaque ville envoyait au gouverneur les noms de ses dix premiers citoyens, et sur ces

» listes, après les avoir examinées, il nommait ministre de l'ordre public (gardien de
» la paix), l'homme auquel il donnait la préférence. D'une petite ville de la Mysie, dont
» il est inutile de dire le nom, on apporta à Sévère les noms qui lui étaient proposés.
» Ce magistrat n'avait pas de renseignements exacts sur ma personne ; il savait seule-
» ment que je possédais quelques biens de terre dans les environs de ce lieu, et que
» ma qualité n'était pas des plus obscures. Honorant à peine d'un regard tous les
» noms qui lui étaient proposés, il résolut, en son jugement privé, de me conférer la
» charge en question, sans considérer, que, depuis nombre d'années, avant même que
» j'osasse y prétendre, c'était à Smyrne que j'appartenais par le titre de citoyen, et
» que d'ailleurs de telles fonctions étaient contraires à mes convenances. Il envoie
» donc aux magistrats du lieu une lettre, non à leur adresse, mais à la mienne ; ils
» vinrent me la remettre ; elle m'imposait, par un ordre positif, ces fonctions de *Gar-*
» *dien de la paix*. Grande fut ma perplexité. Je ne savais à quel système de défense
» recourir, ni contre qui défendre ma cause : puisque la même autorité proposait
» mon nom et en sanctionnait le choix, où devais-je chercher ma partie adverse ? à
» qui en appeler ? Quelles formes de procédure employer ? J'en conférai donc avec
» les magistrats, et il fut entendu entre eux et moi que, quant à la forme, ce serait
» contre les magistrats qui m'avaient apporté cet ordre, c'est-à-dire contre eux-
» mêmes, que je plaiderais mon appel. La nuit suivante, je demandai au dieu ce qu'il
» fallait penser de cette affaire, et il me répondit par la citation de ce vers d'un oracle
» de Delphes :

» Compte sur mon secours et sur les vierges blanches.

» Que s'en suivit-il ? Peu de jours après, il m'arrive d'Italie des lettres de la part
» des princes régnants, c'est-à-dire, de l'empereur et de son fils, pleines de choses
» honorables pour moi, et qui me concédaient l'immunité attachée à la profession de
» l'éloquence, *si, du moins, je l'exerçais réellement.* J'en reçus aussi d'Héliodore,
» ancien préfet de l'Égypte, adressées les unes à moi-même, les autres au proconsul,
» et pleines pour moi de témoignages de la plus haute estime. Et ces attestations, écri-
» tes bien avant l'événement qui me causait tant d'embarras, arrivaient toutes à point
» nommé, lorsque j'en avais le plus grand besoin. Je compris à l'instant même ce que
» signifiaient les *Vierges blanches*. C'étaient les lettres que je venais de recevoir. Encou-

» ragé par l'oracle et par cette coïncidence singulière, mais ne pouvant m'éloigner, le
» dieu me le défendait, j'écrivis au proconsul pour le mettre au fait de ce qui me con-
» cernait, en l'avertissant d'abord que ceux qui lui avaient dénoncé mon nom avaient tout
» l'air de lui avoir fait connaître un nom, et rien de plus. J'insistais ensuite sur la qualité
» des personnes qui souscrivaient à ma demande d'immunité, et je lui envoyais dans
» une même dépêche cette pièce officielle, avec les lettres de simple recommandation.
» Sur ces entrefaites, je reçus nombre de missives des fermiers publics de la province,
» qui me témoignaient de l'intérêt sans me dissimuler ma véritable position. Ils m'en-
» gageaient à ne pas oublier combien était puissant l'homme à qui j'avais à faire, et
» qui était un des juges dont se compose le Conseil de l'empereur. Ils insistaient sur
» l'énergie et la fermeté de son caractère et me faisaient prévoir que, malgré tout ce
» que je pourrais tenter, il ne reviendrait pas de sa décision ; pourquoi donc risquer,
» par une résistance inutile, de m'en faire un ennemi ? Dans les réponses que je leur
» adressai, je discutais la question sous toutes ses faces, et cela, du ton le plus décidé,
» sachant bien que mes lettres parviendraient jusqu'à Sévère, avec qui ces publicains
» étaient fort liés. La raison principale que je faisais valoir et que j'avais déjà alléguée
» en écrivant au gouverneur, était qu'il me demandait l'impossible.

» Vers ce temps, Sévère quitta les régions supérieures de la province pour descendre
» à Ephèse et y tenir ses assises, et, lecture faite de ma dépêche, il me somma de
» comparaître devant lui. Je m'en dispensai en envoyant à ma place les avocats que
» je chargeais de ma cause. Lorsque le jour fut arrivé et qu'on eut appelé mon nom
» en présence du Conseil, Sévère, ne laissant pas à mes avocats le temps de prendre
» la parole, s'écria, du haut de son tribunal : « Je connais Aristide ; je le considère
» grandement à cause de la célébrité qu'il s'est acquise ; je sais qu'il tient le haut bout
» parmi les orateurs ; j'en ai été informé de Rome par mes amis. Mais, ajouta-t-il, je
» le prie de gouverner avec moi ; pour ce qui est de l'immunité, je la confirme, et ce
» droit lui demeure réservé. » Telle fut, devant le public, sa déclaration, et telle il la
» fit enregistrer. A peine cette sentence eut-elle été prononcée, et déjà ceux que j'avais
» envoyés plaider ma cause recevaient pour moi les félicitations du Conseil, et même,
» parmi les autres assistants, on vantait comme une distinction flatteuse pour ma per-
» sonne, le langage plein d'égards qu'avait tenu le magistrat et cette assurance d'une
» entière immunité que, malgré mon absence, il m'avait accordée. Et, d'un autre côté,

» quelle forme donner à un refus? Le préteur n'avait point prononcé sa décision comme
» un jugement en règle. Il me demandait mon consentement comme un bon office,
» qui devait inaugurer entre lui et moi les relations de l'amitié. Ce fut avec les senti-
» ments d'une vive satisfaction que mes représentants revinrent me faire leur rapport.
» Et néanmoins, tandis que ces choses se passaient, le temps qui m'était donné pour
» faire appel atteignait son terme. Ma situation était donc plus perplexe que jamais;
» car un si beau témoignage d'estime, avec un résultat si nul pour moi, était loin de
» me suffire. De nouveau, je consultai le dieu sur la conduite qu'il me fallait tenir; il
» m'envoya un songe merveilleux dont il me serait impossible de redire tous les détails;
» en voici l'exposé sommaire: il me semblait recevoir la visite du greffier du proconsul
» et avoir un entretien avec lui. Après avoir entendu ma plainte, il me promettait
» d'effacer du registre la déclaration qui me concernait, et d'en substituer une autre
» moyennant le dépôt d'une somme de cinq cents drachmes[1]. Ce songe, d'un côté,
» m'apporta quelque soulagement d'esprit; il tendait à me rassurer, ou, du moins, ne
» m'interdisait pas tout espoir. Mais, après réflexion, je retombai dans toutes mes per-
» plexités. Était-il un lieu au monde où une pareille faveur pût s'acheter à si bas prix?
» qu'était-ce pour cela qu'une somme de cinq cents drachmes? Et, d'autre part, com-
» ment faire consentir à un tel marché un magistrat tellement incorruptible qu'il eût
» été plus facile d'arrêter le cours d'un fleuve que celui de sa justice? La promesse de
» l'oracle pouvait bien n'être qu'une menace, puisqu'elle renfermait une condition
» impossible. Ces considérations n'étaient pas de nature à me rassurer. Tandis que
» j'étais ainsi en proie à l'inquiétude, le dieu m'invita à retourner à Pergame, où
» Rufin se trouvait en séjour; ce sénateur m'avait toujours distingué par toutes sortes
» de prévenances. Je ne tardai pas à l'aller voir, et je lui contai mes ennuis en lui de-
» mandant son intervention. Il est vrai, lui dis-je, Sévère a hautement reconnu la vali-
» dité de mes titres à l'immunité; mais cette reconnaissance, toute signée qu'elle est
» de sa main, n'est pas pour me satisfaire, car un de ses successeurs dans le gouver-
» nement de la province pourra bien s'aviser de me donner un ordre semblable en y
» ajoutant la même clause, et, de la sorte, la réserve qui a été faite de mon droit ne
» servirait qu'à m'en interdire la jouissance. Ce qu'il me faut, ce ne sont pas de pures

[1] Cette somme équivaut, d'après l'évaluation reçue, à quatre cent soixante-cinq francs de notre monnaie.

» marques d'estime, si éclatantes qu'elles soient, mais l'exemption même à laquelle je
» prétends, et que l'état de ma santé me rend indispensable. Rufin reconnut la justice
» de ces réclamations et me donna pour Sévère une lettre écrite en leur langue. Il y
» témoignait le plus vif intérêt pour ma cause, et après avoir fait mon éloge, et em-
» ployé les arguments les plus persuasifs, il donnait à entendre, d'une manière indi-
» recte, les conséquences auxquelles Sévère s'exposait dans l'avenir, s'il ne me concé-
» dait de bonne grâce l'immunité demandée. Je désire être aussi bref que possible,
» mais les détails qui suivent et qui préparèrent le dénouement, ont leur importance.
» Je me rendis à Smyrne pour y assister aux fêtes de Bacchus, et Sévère y vint par le
» même motif. Il avait à sa suite un homme décoré du titre de sénateur, qui vivait
» avec lui sur un pied d'intimité et qui remplissait en quelque sorte auprès de lui les
» fonctions de secrétaire; tous les actes et la correspondance étaient confiés à ses soins.
» Il était retenu à Smyrne par quelques affaires relatives à l'administration de ce dis-
» trict, et il fut la première personne que je rencontrai à mon arrivée ; je lui remis la
» lettre de Rufin, et je le mis au fait de certaines choses qui étaient de nature à n'être
» dites que dans un entretien, afin qu'il fût exactement renseigné sur toute l'affaire
» avant d'en parler au proconsul. Lorsque je le vis bien accueillir mes explications et
» reconnaître que le bon droit était de mon côté, je ne pus m'empêcher de penser à la
» voix qui m'avait parlé en songe, à ce greffier ou secrétaire qui m'avait promis ses
» bons services. Je racontai mon songe au sénateur. Vous voilà, lui dis-je, engagé à
» faire ce qu'il faut pour que la volonté du dieu s'accomplisse ; c'est vous-même qui
» m'avez fait en son nom cette promesse. Le propos n'eut point l'air de lui déplaire,
» et jugeant convenable de remettre la lettre de Rufin en ma présence, il me présenta
» au proconsul. Sévère avait aussi reçu une lettre de Pardalus, avec qui j'avais eu de
» fréquentes relations et qui, de son côté, était lié avec le gouverneur par une amitié
» qui datait de leur enfance. Dans sa lettre, fort longue, il ne tarissait pas sur mon
» éloge et sur mes talents d'orateur. Lorsque Sévère eut fait cette seconde lecture. —
» Ton éloquence, me dit-il, n'est pas en question ; mais autre chose est-ce d'être reconnu
» pour le prince des orateurs, — ce fut le terme qu'il employa, — autre chose d'en
» faire sa profession et d'avoir des disciples. Puis, après un court silence : — Va, dit-il,
» t'adresser au sénat[1], et fais agréer tes raisons à tes concitoyens.— En même temps,

1. Il s'agit du Sénat de Smyrne, comme on le verra plus bas.

» il me conseilla d'ouvrir une école d'éloquence. — Il n'est pas nécessaire, lui dis-je,
» de m'y exhorter. C'est pour cela même que le dieu m'a envoyé ici, et le plus sacré de
» mes devoirs est de lui obéir.

» Voilà le premier pas que fit l'affaire de mon immunité et ma première comparu-
» tion devant Sévère depuis le décret qu'il avait rendu à Ephèse; mais tandis que la
» question restait ainsi indécise, il survint un nouvel incident. Les élections des pry-
» tanes avaient lieu à cette époque de l'année, et le Sénat, à la suggestion de deux ou trois
» personnes, ne s'avise-t-il pas de me mettre sur les rangs des candidats! Nouvelle
» péripétie, qui me plaçait dans une position absurde. Au lieu de plaider, devant ce
» corps, la demande que le gouverneur avait renvoyée à sa décision, me voilà forcé
» d'en appeler de son autorité à celle du gouverneur; deux procès au lieu d'un à
» poursuivre à la fois, et nécessité pour moi de recourir au juge même que j'avais
» trouvé si peu favorable à une première réclamation! Il fallut bien me rendre à Per-
» game, où le magistrat avait transporté ses assises. Personne ne savait encore le
» jour où cette seconde cause serait appelée : il n'avait pas été indiqué d'avance. Au
» point du jour, j'eus un songe où une voix m'adressait ce vers[1] :

« Citoyens de la ville de Cadmus, il est temps de dire ce qu'exige votre salut! »

» C'était évidemment me déclarer que le moment était venu pour moi de
» plaider : aussi commençai-je à m'y préparer. Je n'en eus guère le loisir ; car
» bientôt quelqu'un vint m'annoncer qu'on avait appelé mon nom. Or il me fallait, du
» temple où j'étais, descendre dans la ville, et, pendant que je faisais ce chemin, le
» tribunal, après une courte suspension de séance, réitéra l'appel. Eh bien, comme je
» l'appris ensuite, Sévère, avec un à propos qui tient du prodige, s'écria que je n'étais
» pas loin, que l'on prît un peu de patience, et, en effet, me voyant arriver un instant
» après, il m'envoya ses licteurs pour me faciliter l'abord du tribunal ; c'était chose
» convenue entre nous. A mon entrée, je fus salué avec la plus grande courtoisie par
» ce magistrat ; les orateurs qui se trouvaient présents, l'assistance entière ne me
» reçurent pas moins bien. On eût dit que je comparaissais, non devant une cour de

---

1. Eschyle, les Sept chefs, v. 1., Κάδμου πολῖται, χρὴ λέγειν τὰ καίρια.

» justice, mais devant un auditoire assemblé pour son plaisir et impatient de m'en-
» tendre. C'était à qui m'exprimerait plus vivement l'intérêt qu'il me portait, et, de la
» voix et du geste, on me pressait de prendre la parole. La clepsydre s'était vidée
» jusqu'à cinq fois lorsque je conclus. J'avais parlé avec la plus grande liberté, ne
» ménageant personne, et ayant soin d'appuyer sur le crédit dont je jouissais auprès
» du souverain, et sur la juste confiance que m'inspiraient ces hautes relations.

» Vint ensuite la réplique de l'un des avocats de Smyrne ; elle fut brève et res-
» pectueuse ; Sévère, voulant donner au Sénat de cette ville une marque de considéra-
» tion, et jugeant que mon affaire n'en serait pas plus mauvaise, en renvoya la décision
» à ce corps avec une lettre où il me recommandait dans les termes les plus honorables.
» Le sénat m'exempta de la prytanie, et l'exemption fut formulée de manière à m'éle-
» ver au-dessus de toute comparaison avec tous ceux qui ont obtenu de pareils privi-
» léges. Quant à la charge dont Sévère avait voulu m'investir, il n'en fit plus mention,
» et, de mon côté, j'aimai autant ne lui en point parler. Il prit de lui-même le parti
» de donner les ordres nécessaires pour qu'un autre fût élu à ma place.

» Ainsi s'accomplit la volonté du dieu, et lorsque je fis le compte de ce que j'avais
» dépensé, soit pour les honoraires de mes avocats, soit pour les frais de voyage des
» gens de service que j'avais envoyés ici ou là, il se trouva que cette somme se mon-
» trait juste à cinq cents drachmes[1] ! » Du jour où il eut obtenu cette double immunité,
Aristide n'eut pas à se défendre contre d'autres obsessions de ce genre. Mais cet
appel n'était pas le premier que lui adressât l'estime publique, ou, pour entrer plus

---

[1]. J'avertis que le texte dont on vient de lire la traduction, est corrompu ou inutilé en plus d'un endroit, qu'il renferme des difficultés qu'on s'est trop peu soucié de résoudre, que dans cet essai de le rendre en français, j'entends certains passages dans un autre sens qu'on ne l'a fait ; ou je suis dans l'erreur, ou ce morceau du quatrième livre des Discours sacrés, interprété aussi exactement que le permettent ses altérations et certaines obscurités qui tiennent aussi au vague de l'expression, corrige ou complète plus d'une notion reçue au sujet du gouvernement des provinces grecques, des rapports qu'il entretenait avec les administrés, des gênes ou limites dont leurs autonomies étaient passibles. Enfin, pour ce qui touche à un point plus spécial, l'irénarchie ou ministère de la police ou de l'ordre public, on ferait peut-être bien de distinguer sous ce nom deux charges d'une importance inégale, l'une toute municipale, qui appartenait à chaque cité, la seule dont il soit question dans les traités des savants sur cette matière, et l'autre qui s'exerçait dans un ressort d'une plus grande étendue, et qui embrassait tout un district, si ce n'est toute la province. Il faut bien en supposer l'existence pour que le proconsul ait pu dire sans absurdité, lorsqu'il l'imposait à Aristide : « Je le prie de commander ou gouverner avec moi, υ(συνάρχειν μοι). J'ai pris dans cette traduction les libertés qui m'ont paru nécessaires pour que le texte présentât un sens passablement clair ; j'ai développé ou complète telle expression qui, sans cela, eût été inintelligible, et je renvoie le lecteur aux notes et remarques justificatives à la suite de la troisième et dernière partie de ce travail, qui trouvera sa place dans le prochain volume des Mémoires de l'Institut genevois.

exactement dans les nécessités de la vie d'alors, ce n'était pas la première fois qu'il s'insurgeait contre les exigences du droit commun, tel qu'il régna dans les républiques de l'antiquité et dans les municipes sous l'empire, contre cette loi fondamentale et partout reconnue qui attachait au titre de citoyen la stricte obligation d'accepter toutes les charges de la cité, et qui, naturellement, faisait peser les plus onéreuses sur la distinction et la richesse ; les liturgies d'Athènes, à l'époque où la démocratie fut toute puissante, sont bien connues et, malgré la différence des temps, les villes grecques de l'Europe et de l'Asie avaient les leurs au siècle des Antonins. Avant celle dont Sévère se décida si difficilement à l'exempter, Aristide, à deux intervalles, avait eu à décliner d'autres charges d'une grande importance : la première mieux assortie, pourrait-on croire, à ses goûts et à ses préoccupations habituelles, fut celle d'asiarque, c'est-à-dire d'archiprêtre ou pontife de la province d'Asie. L'asiarque, ou plutôt les asiarques, car cette magistrature religieuse était exercée par un collége de dix membres nommés pour l'année, veillaient aux intérêts du culte et à l'observation des cérémonies dans cette province étendue et populeuse, où tant de riches cités rivalisaient par la magnificence de leurs temples et de leurs solennités. Ils présidaient surtout aux fêtes nationales, qui toutes étaient religieuses par leur destination comme par leur origine, et à ce titre, ils avaient l'intendance des jeux et des spectacles, dont ils faisaient en tout ou en partie les frais. Il n'est donc pas étonnant qu'au dire de Philostrate dans la Vie du sophiste Scopélien, cette dignité fût d'une nature ruineuse, et demandât une grande fortune. Mais ce qui pouvait bien effrayer davantage l'homme que nous avons vu si amoureux de son indépendance et de ses loisirs, c'était le détail compliqué et les soucis de ce genre d'administration ou d'édilité, et les smyrnéens le connaissaient encore bien peu lorsqu'ils songèrent à l'en investir. Les cités faisaient cette élection au premier degré, et, sur leurs listes, un conseil ou collége formé de leurs députés, nommait définitivement les dix asiarques de l'année. Ce collége électoral en suprême ressort se composait des sénateurs des villes, délégués chacun par le sénat municipal dont il était membre. Ce furent en effet deux sénateurs smyrnéens, qui, dans cette espèce de diète provinciale alors réunie en quelque lieu de la haute Phrygie, s'avisèrent, sans avoir consulté Aristide sur ses intentions, de le porter comme candidat à cet onéreux sacerdoce. Mais, cette fois, il eut à faire à un gouverneur romain plus favorablement disposé ou plus coulant que ne se montra plus tard Sévère. Quadratus, ainsi se nommait le proconsul, le tira d'affaire par une prompte intervention ; le bon plaisir de ces proconsuls romains, malgré les limites que l'empire avait assignées à leur pouvoir, s'imposait, à ce qu'il paraît, dans nombre d'affaires et de collisions d'intérêts qui relevaient légitimement des autorités grecques ou locales.

La tâche ou liturgie la plus rebutante contre laquelle Aristide eut à se défendre, celle du moins qui jurait le plus étrangement avec son caractère d'inspiré et d'hiérophante, fut celle de percepteur des finances, qu'il aurait probablement exercée à Smyrne même en vertu d'un vote de ses concitoyens. Il eut encore le bonheur ou l'habileté de s'y soustraire malgré ce qui lui manquait alors pour fonder son refus sur un titre ou privilége légal. Aristide, dans les deux récits dont on vient de lire le résumé, et qui terminent l'énumération des égards et des honneurs que son dieu lui a fait obtenir des autorités romaines, *remonte l'échelle*, selon sa propre expression ; nous avons pris soin de la descendre. A dire le vrai, nous avons omis la dernière de ces preuves de fait, c'est-à-dire, la plus ancienne en date. Une des propriétés d'Aristide était située dans la Mysie méridionale, au pied du mont Atys, entre Pergame et Smyrne. Ses parents avaient fait cette acquisition pendant qu'il voyageait en Egypte. Des gens du pays, il ne dit pas sous quelle apparence de droit, lui en disputèrent la possession, et, dans une rixe violente, ils envahirent la villa où ils commirent des dégâts. Le proconsul, dont il invoqua le pouvoir, lui fit rendre justice ; la propriété de cette terre ne lui fut plus disputée et les coupables subirent leur châtiment.

VII.

Esculape, dans un songe symbolique, avait annoncé à son protégé le nombre d'années que sa maladie devait durer. Selon les calculs de Masson, à cet endroit de ses *Collectanea historica ad Aristidem*, la treizième année, celle où eut enfin lieu la guérison, répondrait à la douzième du règne de Marc Aurèle, qui est la 172me de l'ère vulgaire. Je déduirai ailleurs mes raisons pour la reporter un peu plus tôt, vers l'an 168, quelque peu avant le milieu du règne de l'empereur philosophe. Les songes qui précédèrent cet heureux changement dans la santé d'Aristide, le traitement qui le précéda, et où entrait encore le bain froid, n'ont en eux-mêmes rien de nouveau et de

saillant qui les distingue des cas semblables que j'ai eu l'occasion de citer. Du reste ce ne fut point là pour lui une délivrance définitive, le grand miracle qui lui sauva la vie, la date d'un plein affranchissement. A peine s'était-il écoulé quelques mois depuis que ses malaises habituels l'avaient quitté lorsqu'il eut à lutter avec un ennemi bien autrement redoutable et dont la marche foudroyante contraste avec les lenteurs d'une affection chronique. La mémorable épidémie qui visita Rome et les provinces, dès l'an 166, et dont les ravages ne cessèrent que vers l'an 173, éclata dans la ville de Smyrne pendant qu'Aristide, qui possédait une maison dans le faubourg, y faisait une de ses résidences. C'était au fort de l'été ; la peste avait envahi toute la contrée environnante. Il vit tomber malades d'abord deux ou trois de ses serviteurs, puis d'autres, et enfin tous en moururent ; il fut atteint le dernier par ce *feu dévorant* qui alors moissonnait la population de la ville. Les médecins l'abandonnèrent en déclarant son état désespéré. La nuit suivante, un songe fit apparaître devant lui d'abord Esculape, puis, annoncée par le dieu, Minerve armée de son égide, telle par sa stature et sa beauté que l'a représentée Phidias. « Prends courage, » lui dit-elle, et citant l'Odyssée, elle rendit l'espérance au mourant, en rappelant Ulysse et Télémaque à son souvenir. A la suite de cette vision se trouve indiqué le régime, le miel attique pris en lavement, et, pour première nourriture, du foie d'oie, puis des morceaux de panse de truie. Alors le malade se fit transporter à la ville dans un charriot couvert ; il ne recouvra ses forces que lentement et avec difficulté, et la fièvre ne le quitta tout à fait que lorsque celui de ses frères de lait dont il faisait le plus grand cas, lui eut été enlevé par l'épidémie. « Le même jour, à ce que
» j'appris ensuite, le même jour où succomba Zozime, le fléau s'éloigna de moi, et je
» me retrouvai sain et sauf. Ainsi, de même que jusqu'alors, mon existence n'avait
» tenu qu'à de continuelles faveurs de la part des dieux, de même, à dater de ce jour,
» je renaquis à la vie par un effet de leur bonté ; mais, cette fois, je reçus vie pour
» vie ; je devais mon salut à une substitution. »

Ici le journal d'Aristide nous abandonne, et, à part un ou deux faits brièvement et vaguement indiqués, mais qui ne sont pas sans intérêt, et dont nous discuterons le sens et la portée quand l'occasion en sera venue, ces mémoires ne s'étendent point à la dernière période de la vie d'Aristide. Ils nous ont déjà fourni quelque connaissance de ce que l'orateur était pour sa patrie adoptive, et de ce qu'elle était pour son orateur. Dans le chapitre suivant, nous ne les perdons de vue ni l'un ni l'autre. La suite de leurs relations réciproques, les circonstances où elles se resserrèrent plus que jamais, et qui portèrent au plus haut la popularité d'un homme qui se refusait à tous les offices, voilà tout ce qu'on peut savoir de sa destinée ultérieure, et, d'autre part, les pages de ses œuvres oratoires, où il nous en instruit lui-même, ajouteront des traits essentiels au tableau que nous avons à achever, celui de l'existence d'une grande commune grecque au deuxième siècle de l'ère vulgaire.

André **CHERBULIEZ**,
Professeur.

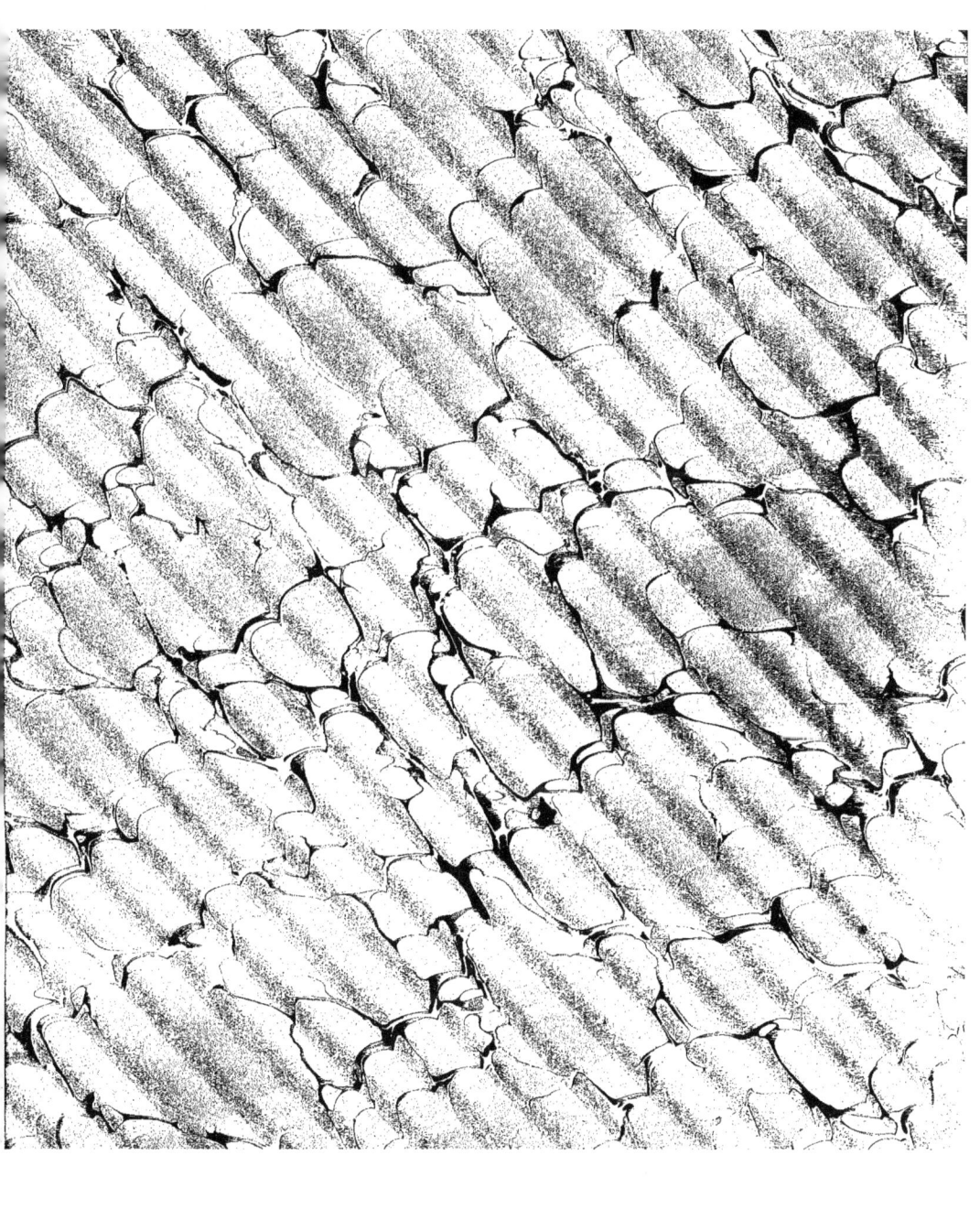

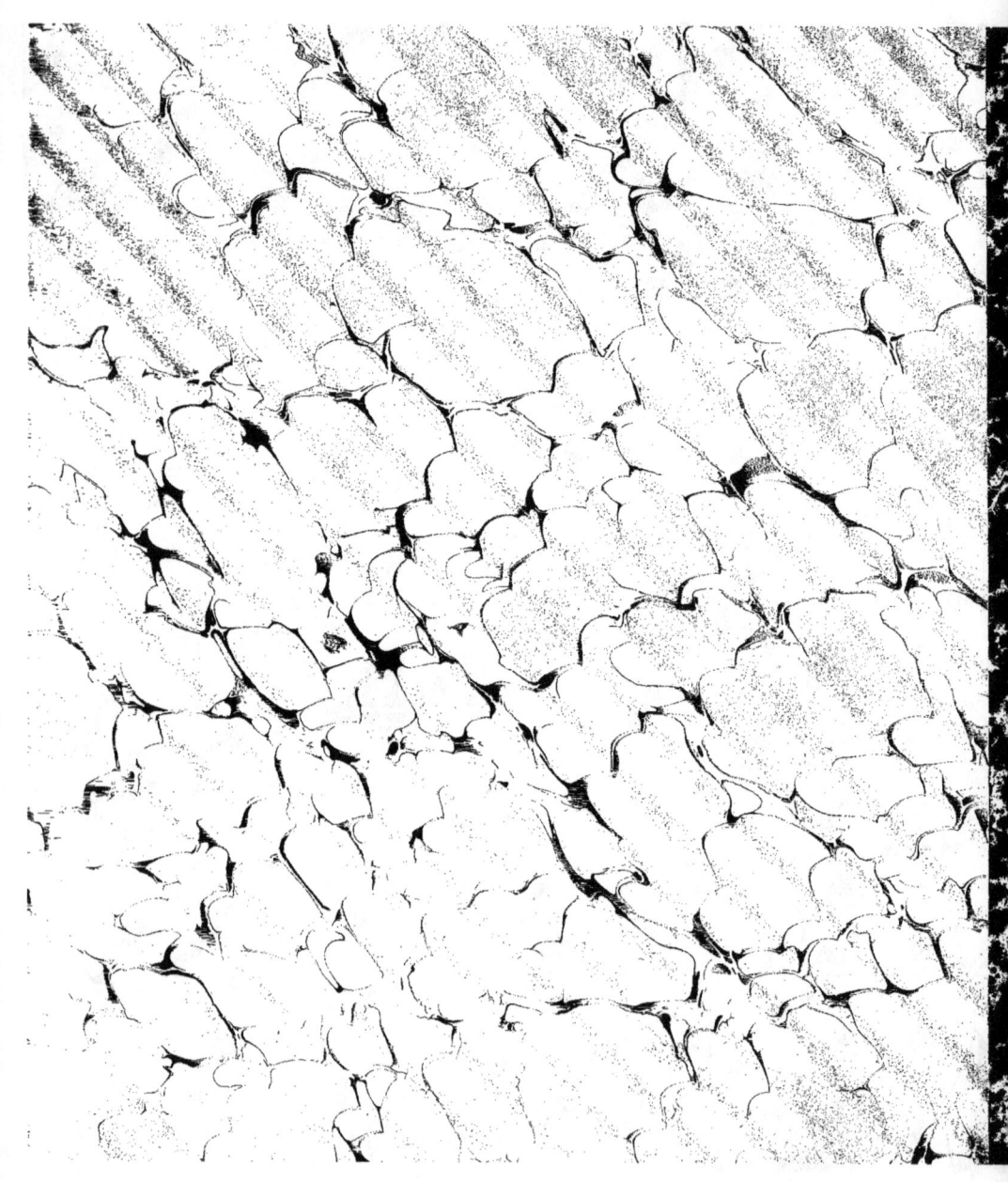

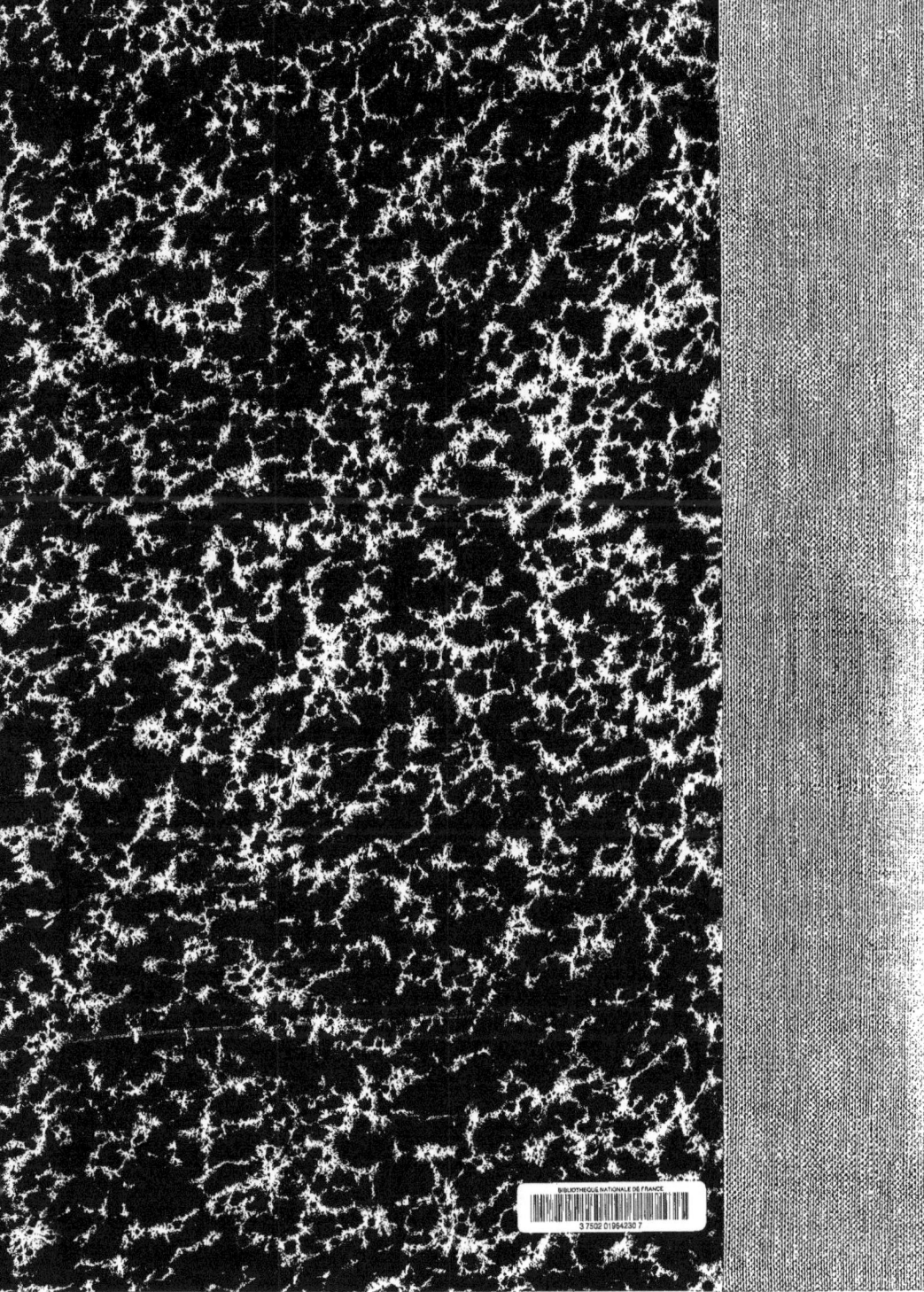

www.ingramcontent.com/pod-product-compliance
Lightning Source LLC
Chambersburg PA
CBHW070703050426
42451CB00008B/466